Alfred Graf

Allerwei a wenge lustig

– Witz erlebn und Leit dablächa –

Humorvolle Zeichnungen von Erich Fiedler

CIP-Titelaufnahme der Deutschen Bibliothek

Alfred Graf
„Allerwei a wenge lustig“
4. Auflage
bearbeitete Neuauflage 2013, F&W Mediencenter, Kienberg
ISBN 3-925249-62-1

Printed in Germany
Satz und Druck: F&W Mediencenter, Kienberg
Adresse des Verfassers:
Alfred Graf, Hochfellnstraße 11
D-83308 Trostberg, Tel./Fax 0 86 21/29 04
eMail: Alf-Luc.Graf@t-online.de

Vorwort

Na, Sachan gibts,
da konnst bloß lacha:

A netter Preiß, der ziagt si boarisch o … und was passiert?
De liabe Oma is ganz modern gekleidet ... und was sagt s Enkerl?
Da Xaverl soi si zum Neinzigstn was wünschn ... und er?
De Kathl bringt dem Herrn Pfarrer a Hand voi Nussn ... und?
A Trachtler hat Bauchweh ... und was macht er?
Da Geburtstagler soi a wenge dabläckt wern ... aber wia?
Dees junge Marerl werd unsittlich berührt ... wissts wo?
I oida Mo mächt a moderne Maschin kaffa … und was les i?
De andern suachan a Freid in Tirol … und was findns?

Jetzt hör i auf mitm Neigierigmacha:
In dem vorliegenden Büacherl,
da iss in über 50 kloane Gschichtln
Allerwei a wenge lustig:
witzig und würzig,
a wenge süass, a wenge rass
und bläckert und frotzlert.

Und weil s Lacha guad duat,
und weil s Lacha gsund is,
soits
staad oder laud lesn ... und lacha,
andere beim Vorlesn zuahörn ... und lacha
oder selber vorlesn ... und andere lacha lassn,
... dees wünscht
da
Graf Fredl

Nix is gsünder, ois sich manchmoi krank lacha

Inhalt

Brave Maderl? Bäse Buam?

Gscheide und ganz Gscheide

Echte Hund und wuide Hundling

Hungrige und Durschtige

Mund-Artige und Andersartige

Neimodische und Oidmodische

Staadlustige und Nachdenkliche

Brave Maderl?
Bäse Buam?

De flotte Oma und da Bua

De Oma is a richtig flotte
Dame aus der Zeit-Retorte:
Enge Hosn, aufgesteilt,
schlank und sportlich aufgegeilt.

Kurze Haar und schmaler Mund,
frisch bliebn hoit mit jedem Pfund.
Dees soin d Leit sehng, sie gibt si Müah,
da steht dees Enkerl vor da Tüa.

„Geh, Bubi, mach koa depperts Gschau,
i bin hoit no a junge Frau.“
„Na“, sagt er und schaugts lang o:
„Vui eher bist a oida Mo.“

Da liabe Opa und sei Uhr

Da Opa hat am Trachtngwand
a Mordstrumm oide Uhr.
Er hoits ans Ohr, draht umranand
und beitlt an da Schnur.

„Vorgestern hat nix gfeit, o mei,
doch gestern hats scho gstockt,
de werd hoit innen dreckig sei,
weils gar so arg heit bockt.“

Dees kloane Lieserl steht danebn,
legt d Puppn grad ins Bett,
sie schluckt und fangt dann o zum Redn:
„Na, dreckig is de net,
woaßt, Opa, wenns de heit so fuxt,
dann hats an andern Grund,
denn i habs fest mit Soafa putzt
und zwar a ganze Stund.“

A Rotzbua

A kloana Bua steht drunt am Zaun,
er mächt a wenge d Leit oschaugn.
Und da kimmt a oida Mo,
der bleibt steh und schaugtn o.

Dann sagt der laut: „Pfuideife, bäh!
Geh ziag net oiwei s Rotz in d Häh!
Es is a Graus, mein liebes Kind,
dass s Rotz scho boid ins Mei eirinnt.

Zwoa Glockn hängan an da Nasn,
du konnst kaam schnaufa, konnst kaam blasn,
s is hächste Zeit, dass du di schneizt
und net dauernd zsammaläutst.“

Da sagt da Bua zum oidn Mo:
„Was ham da meine Glockn do?
I läut ja gern, i gibs ja zua,
denn i bin da Mesner-Bua.“

De liabe Mama hat koa Ruah

„Mama, schaug, was i da hab,
was i da umanandertrag,
wia i da umananderrenn
mit dene wunderscheena Zähn."

„Pfei grad, dees is a ganz scheens Bieß,
i kenn di und i woaß ganz gwieß,
dass du s oafach gnumma hast
und ebban nimma beißn lasst.

Hast as gstoin oder bloß gfundn?"
„Na, i war beim Opa druntn,
der flackt im Bett und draht si uma,
sei Bieß, dees hab i z leicha gnumma."

„Um Himmls Wuin, den trifft da Schlag,
gibs her, dass i s glei obi trag.
Was hat er gsagt, was hat er do,
wiasd s Bieß packt hast und bist davo?"

„Er hat net gschimpft, er hat nix do,
mei Opa is a guada Mo.
Gredt hat er gschlampert, doch recht friesch:
‚Mei Biesch, mei Biesch is weg vom Diesch!' "

Da Babba, d Mama und da Bua

Da Babba, d Mama und da Bua,
de gehngan auf a Wirtshaus zua.
Da steht a Diesch unter de Baam,
fürn Buam, fürn Babba und für d Maam.

Hoaß iss heit und weit sans ganga,
hoffentlich werd s Geld no glanga.
De Kellnrin fragt: „Was soi i bringa?
Mächts was essn? Mächts was dringa?"

„Bring zwoa Mass Bier", sagt da da Babba.
Da Bua, der macht an grossn Schnapper
und schreit und fluacht ganz laut: „Zefix!
Sag, Babba, kriagt heit d Mama nix?"

Gasthaus
2005

Opa gstorbn

*Dem Hiasl is da Opa gstorbn,
aufghängt z hächst im Stadl drobn.*

*Da Papa sagt: „Jetzt gehst in d Schui,
schaugst wia oiwei, redst net vui.*

*Und wann di dann da Lehrer fragt,
wasd hast und was di heit so plagt,*

*dann sagst: ‚I bin so traurig worn,
denn heit is mei Opa gstorbn.'*

*(...mehra brauchst net sagn,
aa wanns deppert fragn.")*

*Da Pfarrer spricht so sanft, so hold:
„Schau, der Herr im Himmel hatn gholt."*

*„Ja", sagt da Hias, „dees is schnell ganga,
der hatn mitm Lasso gfanga."*

A scheene junge Lehrerin

A scheene junge Lehrerin
steht mittn in da Klass so drin.
Sie fragt de Kinder, ob sie wissen,
was Blumen täglich trinken müssen.

An ihra Blusn,
vorn am Busn,
hengan Bleame,
rote, greane.

Da schreit da kloane gaffert Willi:
„De Bleame saufan recht vui Milli."
De Lehrerin werd rot vor Zorn
und ziagt den Willi an de Ohrn.
„Sei still! Du dummer, frecher Quassler!
Blumen brauchen täglich Wasser."

Auf ihra Blusn,
vorn am Busn,
stehngan Bleame,
rote, greane.

Da sagt der kloane, freche Bengel:
„So,...d Bleame ham so lange Stengel,
dass von der Blusn drobn und drinna
so ganz weid druntn saufa kinna."

An ihra Blusn,
vorn am Busn,
san nia mehr Bleame,
rote, greane.

Da kloane Lehrbua

*Mei, früahra war dees Lebn so schwaar
für d Lehrbuam und dees Geld war rar.
Sie san koane Azubi gwen
und ham de Arbat trotzdem mögn.*

*A Schreiner-Lehrbua ziagt an Karrn,
er muaß an Schrank zum Kundn fahrn.
Bergauf, da grunzt, da stöhnt er laut,
jetzt hättsn fast an Bodn hi ghaut.*

*Da kimmt a guada, oida Mo,
der huift eahm wiar a helfa ko.
Der schiabt und schwitzt und plagt si richtig,
vorn ziagt da Bua, aa der is tüchtig.*

*Endlich sans drobn. Da sagt da Oid:
„I muaß di fragn, weils mia net gfoit:
Du bist so schmächtig, bist so kloa,
warum ziagst du den Wagn alloa?“*

*„Na ja, ... mei Moasta is so schlau,
jeds Moi, da sagt er mirs genau:
‚Du bist so kloa, dees siehgt doch jeder,
zum Helfa kimmt ganz gwieß a Bläder.‘ “*

Dees Marerl im Beichtstui

Dees Marerl kniat im Beichtstui drin,
heit stotterts so mit staader Stimm.
Sie gackst dees oa. Sie gackst dees ander
und druckst verlegen umanander.

„Herr Pfarrer", sagts, „i gibs ja zua,
i hab an Freind, an nettn Bua,
der hat mi umanandergführt,
und dann unsittlich berührt."

„Um Gotts Wuin, Marerl, sag ma wo,
wo hat er di berührt der Mo?"
„Herr Pfarrer", sagts, „i habs net gsehng,
i glaab, es is in Passau gwen."

Tschamstara und Gschpusi

*Samstagnacht. Es is boid zwoa.
Da Babba, d Mama san alloa,
gwart hams heit de ganze Nacht
und ham bis jetzt koa Aug zuagmacht.*

*Da, endlich hörns de Haustür klappern
und endlich eahna Töchterl plappern.
Mit fuchzehn ham de dummen Bezi
fast alle scho an festn Spezi.*

*Da Babba werd jetzt rot vor Zorn,
da steht er scho am Hausgang vorn
und schimpft: „Dees is dees Allerneier,
heit war doch de Geburtstagsfeier
von deiner Mama, sappradi,
du warst net da, du warst dahi.
Z jung bist no zum Freinderlham,
dees muaß i dir ois Babba sagn.
Vor fuchzehn Jahr bist du geborn
... dei Mama is heit dreißge worn."*

De Brautpaar-Tratzer

Orgelklang. De Kirch is aus.
Dees Brautpaar schwebt beim Tor hinaus.
Hint nach die näheren Verwandten
und dann die vielen, sehr Bekannten.
Alles „foin" und festlich-schick
und „vürnehm" und a wenge dick.

Und draußt, da werd zerscht gratuliert,
und a weng am Herzerl grührt.
Und dann gibts Sekt für alle Gäste,
dees is und bleibt das Allerbeste.
De oa de schaugt de ander o
und denkt si: „Mei, was hat de o?
Dees Gwand? De Schuah? Den Büstenhalter?
Verjüngen mächts ihr wahres Alter."

Doch da schaug hi: Dort drübn am Zaun,
da san zwoa Lausbuam, kaam zum Glaubn,
de mächtn bloß dees Brautpaar tratzn,
ma hörts bloß lacha, grinsn, schmatzn.
Zum Bräutigam, da fuchtlns wuid
und schrein: „Hä, Babba, sag, was werd da gspuit?"

Gscheide
und
ganz Gscheide

Ja, griaß di Preiß!

Ein netter Herr aus Norddeutschland,
der mächert gern a boarischs Gwand.
Ins Trachtngschäft, da geht er eine
scho in da Fruah um hoibe neine:
„Tachchch!“ sagt er, „möchte bloß mal kucken!“
... dann lasst er s Geld scho aussa rucken:

Kaaft Lederhosn, Haferlschuah,
an Trachtnhuat mit Gamsbart gnua,
a Trachtnhemad, rotweiß-gfleckert,
und d Edlweiß san rundrum gscheckert,
kaaft Enzian und Hirschhorn-Knöpf
und kunstvoi gstickte Wuidsau-Köpf
und Bleamerl vorn und Schleiferl hint,
guad, dass er Wadlstrümpf no findt.
Leder, Loden und was Gstrickts,
vorn und hintn, übroi zwickts.

Jetzt suacht er no an Schnupftabak.
Da kimmt a Bayer ... auwehzwack!
„Ja, griaß di Preiß!“ schreit da da Bayer.
„Schee bist maskiert. Respekt! Mensch Meier!“

„Mooooment! Mein Herr, so schaun Sie hin:
Man siehts, dass ich aus Bayern bin.“
„Na, na, da bist du net geborn...
... mia tragn dees Hosntürl vorn.“

A gscheida Preiß, a gscheida Bayer

Ein feiner Herr aus Norddeutschland
stolziert in Bayern umanand.
Er redt recht vui, erklärt es dann,
dass de Preißn gscheida san.

Da oide Lois, der hört eahm zua,
vasteht net vui und gibt a Ruah.
Dann werds eahm z bläd. Er sagts dem Kundn:
„De Bayern ham was Gscheids erfundn:
A Mordsmaschin, a Riesntrumm,
zehn grosse Löcher rundherum
für unrasierte Preißn-Köpf,
und an da Wand san d Einschaltknöpf.
Ein Druck und schnell iss dann passiert:
De zehn Preißn san rasiert."

„Dat glaub ich nich, ... ach, dat wär niedlich,
die Köpfe sind doch unterschiedlich:
Große, kleine, dicke, schmale,
lange Locken, Glatzen kahle.
Auch die Nasen und die Ohren
sind unterschiedlich angeboren.
Dat Bullauge wär viel zu klein,
große Köpfe gehn kaum rein."

(Da sagt da Lois:)

„Ja, dees stimmt auf jedn Foi,
aber bloß beim erschtn Moi!"

A Trachtler und sei Lederhosn

A Trachtler in da Lederhosn,
der muaß laut schnaufa, pfeifa, blasn,
sei Bauch duat wäh, dees is net schee,
drum muaß er heit zum Dokta geh.

(Da Dokta sagt:)

„Du brauchst net jammern, brauchst net fluacha,
i muaß di gründlich untersuacha.
Dein Bauch, den druck i, liaba Mo,
und oiss, was drin is, schaug i o
und oiss, was untn aussa kimmt,
... du woaßt as scho, ... da vorn ... und hint.“

(Da Trachtler moant:)

„Aha, was aussa kimmt is wichtig,
Hand aufs Herz: Da bin i tüchtig
... und zuverlässig, Tag für Tag
... und Jahr für Jahr – dees is koa Frag.

Drum hätt i da a Mords-Idä:
(er reckt ganz stoiz an Kopf in d Häh)
„Sie schaugn zerscht mei Bäucherl o,
dann kimmt mei Lederhosn dro:
Und wenn Sie s untersuacha woin,
dann kinnan S oisse aussa hoin.“

A-Z
2005

A Freid fürn Herrn Pfarrer

„Herr Pfarrer, i bin wieder da,
Sie wissen scho, was i da ha:

A Hand voi Nussn schenk i Eahna,
de Nussn san aa heit net kleana.“

„Da konn i bloß Vergelts Gott sagn,
heit muaß i aber komisch fragn:

Wo kriagn S de saubern Nussn her?
Jede Woch werns oiwei mehr.“

„Ja mei, Herr Pfarrer, i gibs zua,
a Süasse bin i in da Fruah:

Vui Zucker, Honig, Marmelad
und zum Schluss an Nuss-Schoklad.

Mi m Nuss-Schoklad gibts oa Problem:
D Nussn san z hart für meine Zähn.

I konns net beißn, konns net schlucka,
drum muaß i s wieder aussaspucka.

I schmeiß net weg, i sammls zsamm,
für Eahna, weil S a Freid dro ham.“

A ganz a guada Schwestern-Bruada

*Vier Schwestern hat er - i hab zwoa -,
vo kloa auf kennt er s Weibergschroa.*

*De Diandl san so liab, so nett,
mi m Staadsei aber iss a Gfrett.*

*De redn und redn den ganzn Tag,
dees is fürs Brüaderl scho a Plag.*

*De hörn net zua, ham oiwei Recht,
wannst oamoi „na“ sagst, gehts eah schlecht,*

*dann sans beleidigt, drahn si um,
dann hoitns s Mei und stelln si dumm.*

*Er mag koan Streit. Er mag koa Gschroa.
Und er gibt nach. Was soi er doa?*

*Er konn net schimpfa, konn net plärrn,
de Schwesterl kinnan dees net hörn.*

*Er lernt bloß s Jasagn: „Du hast Recht!“
Fürs Heiratn is dees net schlecht.*

*Drum is a echter Schwestern-Bruada
fürs Heiratn a ganz a Guada.*

Das Grand-Hotel, ein Haus der Freuden

Zwoa liabe, guade, oide Leit
zur goldern Hochzeit - so a Freid -,
wer hätt dees glaabt, wer hätt dees denkt,
da kriagns a Luxus-Reise gschenkt.

Ins Grand-Hotel da gehngas eine:
Da sehngs vui Noble, Edle, Feine.
Da vorn, da fahrt a Paternoster,
meiserlstaad ... und nixe kost er.

Da Bene und de Lies bleibn steh,
sie traun si net recht eine geh.
Rechts wacklt grad a Oide eine
... und scho iss weg, die Zittrig-Feine.

Und links, da kimmt a Junge oba,
langhaxert, hübsch und obn net mager.
Da Bene, der vaziagt sei Gsicht:
„Ui, da schaug hi, a Wunder gschiecht.

Geh weida, Lieserl, sei net dumm,
fahr aa nach obn in d Wechslstubn.
Da drobn, da wern de Weiber tauscht.
I wart, bis oane oba rauscht.“

GRAND HOTEL
Erich Fiedler
2005

A ganz a flotter Euro-Tschobber

Im grossn Kaufhaus werd net gspart:
Im Fahrstui von da oidn Art,
da fahrt und bremst a ganz a flotter,
nei eingstellter Euro-Tschobber.

Der is so nett und liab und freindlich
und überhaupt net preißn-feindlich.
Der lacht, der nickt und schaugt auf d Leit,
doch manchmoi fahrt er wia net gscheid.
Zerscht machts ‚ruck´, dann gehts in d Häh,
beim ‚zuck´ da bremsts oan bis in d Zäh.
De Zähn, de klappern aufanand
und auffi, abi rutscht dees Gwand.

A jungs Maderl dort im Eck,
dees werd ganz blass – ja, da varreck! –
schaugt kaasig aus und nimmer jung,
und da sagt er: „Entschuldigung,
i hab z schnell bremst. Is was passiert?
„Ja“, sagt sie, a weng scheniert,
„daschrocka bin i wia no nia:
Mei Schlüpfer, der is abi grutscht auf d Knia.“

Echte Hund
und
wuide Hundling

Warum gehstn so scheps?

„Warum gehstn so scheps?
An Arsch reckst in d Häh,
sag, feit da denn ebbs,
was duat da denn wäh?

Du gehst heit so bucklert,
an Kopf schiabst ganz viere,
ois obs im Kreiz drinna druckert,
... de Schmerzn, de spür i."

„Nix druckt mi im Kreiz
und net in de Knia,
im Bauch drinna feits,
da hab i mei Müah.

Obn eini, hint aussi,
da wurlts im Bauch,
da rülps und da kauss i,
mei Darm is a Schlauch."

„Geh weida, dees kenn i,
dees Durchfall-Problem,
an andern Gang nehm i,
dees is so bequem:

Aufrecht werd ganga,
an Kopf steil in d Häh,
steif wiar a Stanga,
vo obn bis zur Zäh."

„Hast recht. Du bist gscheid,
dees mach i doch aa ...
aber jetzt, aber heit
is da Bauch no net laar."

Ja varreck! Ja varreck!

I mag ja net liagn, i gibs oafach zua:
Aufhänga woit i mi heit in da Fruah.
Da Strick, da oide, der is ma abgrissn
und mi hats ganz schwaar in Dreek einigschmissn.

Und Mittag, da hätt i mi ganz gern daschossn,
hab s Gwahr auf mi gricht mit da Kugl, da grossn.
Doch de Kugl, dees Glump, bleibt mittndrin stecka.
I bin ganz vazweiflt: I ko net varrecka.

Auf d Nacht hab i ghofft, dass ma s Gift helfa ko,
drum hab i drei Löfferl in d Suppn ei do ...
... und kaam geh i aussi, frisst du d Suppn weg.
I ko bloß no sagn: Ja varreck! Ja varreck!

Da Kastulus in Not

Da Kastulus, der schleppt a Räh
am Buckl drobn an Berg in d Häh.
Da Jager schreit: „Stehbleibn, sag i, auf der Stell,
sunst schiaß i di ganz schnell in d Höll!“

„Was hastn? Schrei mi net so o,
i hab net gwuidert, habs net do,
i hab nix gschossn, brauchst net fluacha,
i war bloß drunt beim Schwammerlsuacha.“

„Dees is a Schmarrn, was du da sagst,
schaug um, was du am Buckl tragst!“
Beim Kopfumdrahn spürt er an St...i...i...ich.
„Um Gotts Wuin, ja, da is a Viech.“

Da Almbauer Kunibert und sein Geheimnis

Vor 100 Jahr (oder vui mehrer)
da macht da Kunibert an Plärrer,
wia r a abi kimmt ins Toi,
denn er sieght zum erschtn Moi
beim Schmied an kloana Spiagl henga.
Da bleibt er steh, ... fangt o zum Denga.
Er moant, ... dass dees a Buidl is.
Er lacht, er zahnt, vaziagt sei Gfrieß.

Da Schmied hat s gspannt. Schnell hat er denkt
und hat eahm glei den Spiagl gschenkt.
„Geltsgood fürs Buidl," sagt da Oid,
aa wann ma d Nasn gar net gfoit."

Drobn aufm Berg, auf seiner Alm,
vasteckt er s Buidl bei de Kalbn.
Im Stoi drin lacht er jedn Tag:
„Mei schee, mei schee, was i da hab."
Sei Oide hörts ... und werd ganz grantig,
eifersüchtig werds und hantig.

Heit geht da Kunibert in Woid.
Sie schleicht zum Stoi ... dort suacht sie hoit.
Dann findts den Spiagl an der Wand,
und scho hatsn in da Hand.
Sie drahtn, drahtn, zahnt so eine
vo achte bis um hoibe neine.
„I hab ma s denkt, dass bei dem feit,
der hat was mit a m Weiberleit.
Jetzt konn i s sehgn, jetzt woaß i s gwieß,
dass dees a recht a Schiache is."

D Huaberin vor Gericht

„Frau Huaber, komisch is dees scho,
jetzt sans scho wieder ohne Mo“,
sagt der Herr Richter zu der Lies
und er zoagt sei grantigs Gfrieß.

„Fünf moi Witwe is scho vui
und ein rätselhaftes Gschpui:
‚Pilzvergiftung‘ steht geschrieben
bei den vier Ersten von den Lieben.

Der Fünfte is vom Felsn gfoin,
was hätt er denn am Berg drobn woin?“
„Mei, der is so komisch gwen,
d Schwammerl hat er überhaupt net mögn.

I habn bettlt, habs probiert,
hab a Supperl zsammagrührt.
Net um vui Geld, net ums Varrecka
woit er an Schwammerl einistecka.

Zum Glück gibts Berg, ganz in da Näh,
da hab i n auffi triebn in d Häh,
a kloana Schubser bei vui Föhn ...
... dann bin i wieder Witwe gwen.“

Is a echter Hund a bläder Hund? *)

Im Watzmannkar, z hächst in da Häh,
mittn drin im tiafn Schnä,
da steht a oida Dackl-Mo,
der wuislt wiar a wuisln ko.

Zwoa Kraxler hörn dees von da Weitn:
„Der suacht sein Herrchen, Herrschaftseitn.
Ma siehgts, dass er boid nimmer ko.
Geh weida, ruaf de Bergwacht o!“

Da kimmt er scho, der Helikopter,
schräg überm Hund, da steht er, stoppt er.
Da Dackl, der werd auffezogn,
dann werd zum Herrchen-Suacha gflogn.

Erfolglos war de Such-Aktion
mit Hubschrauber und Telefon
und erscht das Heimat-Radio,
dees findt den hundelosen Mo.

Der gfreit si, s Herzerl macht bumbum.
Sei Dackl Fuzzi schwanzlt rum.

„Geh, Fuzzi“, sagt das liebe Herrchen,
„du bist doch schon a zehn, zwölf Jährchen.
Zwoatausend Meter is scho vui,
dees is doch gwieß koa Gaudi-Gschpui,
kimm, sag mirs staad ins linke Ohr,
warum bist du so hoch empor?“

Pause.

„So, ... beim Hündin-Duft hat s Hirn ausgsetzt,
du bist dann hintn nachegwetzt.
A jungen Hündin bist du nach ... na und ???“
I frag eich: „Sagts, is dees a bläder Hund?“

*) a wahre Gschicht

Manöver auf da Alm

Heit is s Manöver auf da Alm,
de Jung-Soldatn soi dees gfoin.
De Buam stehn stramm, so wia sichs ghört,
da General steht da und plärrt:
„Sie sind ein Kalb! Sie sind ne Kuh!
Hinauf zur Alm! Sie brülln mu mu!
Ab auf vier Beinen zu den Wiesen!
Da können S frisches Gras genießen.
Die Zunge raus! Sie kaun und kaun
und nebnbei dürfen S Berg anschaun."

Da General is scharf und wuid,
bis jeder Bua a Rindviech spuit.
Sie tarnen sich ois junge Stier,
ois Ochsn, Kaibi, Kalbn und Küah.

Boid lacht im tiafn Gras a Bua,
ois wunderscheene, junge Kuah.
Da kimmt da General oghatscht,
am liabstn hätt ern gschimpft und gwatscht:
„Still gestanden! Schluss mit Lachen!
Erklären Sie, was Sie da machen!"

„Ja mei, i hab an Juchzer do,
bin doch koa Kuah, i bin a Mo.
De Sennrin hätt mi melcha (melkn) woin,
unt woit s de Zitzerl aussahoin.
Und da macht sie an lautn Schroa,
statt viere findts bloß oans alloa."

In Namibia

„Mei, sag, wo bist im Urlaub gwen?
Drei Jahr ham mia uns nimma gsehng.
Du fahrst weit furt, dees woaß i scho,
schee, wenn ma sich dees leistn ko."

„Ja mei, i war in Afrika,
weit druntn in Namibia
und mittn drin in der Savanne,
da steht a Mordstrumm Löwnhamme."

„Um Himmls Wuin, vazähl, fang o,
was hat er gmacht, was hat er do?"
„Sooo hat ers gmacht: Schaug auf mei Mei,
zuazwickt iss, jetzt wacklts glei."

(wilde Mundbewegungen, geschlossener Mund)

„Geh, red koan Schmarrn, dees woaß i gwieß,
a Löwe faucht und zoagt sei Bieß,
und fuchtlt wuid mit seine Pratzn,
der ghört net zu de Siam-Katzn."

„Dees mag scho sei. Dees woaß i scho,
mei Löwe, der hats anderscht do:
Sooo hat ers gmacht .... so zsammzogn eng.

(wilde Mundbewegungen bei geschlossenem Mund)

I habn bloß vo hintn gsehng."

Raucher und Nichtraucher

Im Zug drin huckt a oida Bauer
und wisawi a ganz a Schlauer:
„Nichtraucher“ steht groß an da Wand,
da nimmt der Depp sei Pfeif in d Hand.

Dann sagt er frech: „Es werd nix macha,
jetzat muaß i oafach raacha ...
oder hast du was dagegn,
dann müasst i d Pfeif auf d Seitn legn.“

„Na, raach no!“ sagt da oide Mo,
„i hoff, du bist dann aa guad dro,
wann i dua, was i net mächt:
Beim Raacha speib i gar net schlecht.“

A Dorffest in Niederbayern

A nettes Dorf in Niederbayern,
dees hat heit wirklich was zum Feiern.
Beim Festakt reiht sich Gast an Gast:
Ein dreifach Hoch der Schweinemast!

D Blechmusi spuit. Eröffnungsfeier.
Alles klatscht, dees is dees Neier:
A Bauernhof ois Sau-Fabrik,
dees hat ma heit, dees is so schick.

Kloane Fackl, dicke Säu
... und d Saubärn, de san aa dabei,
Frischling, Zuchtsäu, Eber,
dees Schweinevolk mag jeder.

Da Burgermoaster is net scheu,
rings um eahm san nix wia Säu.
Dees siehgt da Zeitungsbuidlmacher
... am Tag drauf bringt er d Leit zum Lacha:

A grosses Foto macht d Leit munter
... und dees steht wirklich sau-frech drunter:
„De Sauköpf wern jetzt oiwei foaster,
... ganz rechts dees is da Burgermoaster."

Zum Neinzger

„Geh weida, Xaverl, huif ma denga,
i mächt dir was zum Neinzger schenga.
Nächste Woch, da waars so weit,
geh, wünsch dir was und sag ma s heit!“

(Da sagt da Xaverl:)

„Vui mächt i net. Oans hätt i gern:
An grossn Kamm, recht schee, modern.“

Da lacht de Kathl furchtbar laut
und hat recht frech obn auffi gschaut:
„Wia konnstn du an Kampe woin?
Dir san doch längst de Haar ausgfoin.
Du bist plattert, hast nix drobn,
de Kopfhaut is scho ganz vaschobn.
Am bestn waar a gstrickte Haubn
für den allerletztn Flaum.
Was ma net braucht, soit ma net woin,
i kunnt da doch was anders hoin.“

(Da sagt da Xaverl:)

„Na, i mächt an Kampe kriagn.
I machs wia du, (du brauchst net liagn),
du wolltst vo mia - denk an dein Alter! -
s letzt Jahr an scheena Büstnhalter.“

s Oidwern is net leicht

Graab und weiß und stellnweis plattert,
mei ganzer Kopf is boid scho nackert,
bloß d Ohrwaschl san voller Haar,
mi m Richtighörn iss längst scho gar.
Und meine Zähn, de wackln laut,
beim Schweinsbratn und beim Sauerkraut.
Denn mei neies Kunst-Gebiss
is wirkli bloß a Hindernis.

Und aus da Nasn tröpfets staad,
beim Essn is dees wirklich faad.
Und trotz da teiern, dickn Bruin,
siehg i net oiss beim Kartnspuin.
I red ja net vom andern Schmerz,
vom Kreiz, vom Hax und net vom Herz.
Mei Magn, der druckt, der oide Hund,
der is ganz gwieß scho nimmer gsund.

Und d Sitzerei, de duat ma wäh,
dass d Hämorridn san, woasst äh.
... und wann hint oana aussi pfeift,
sei Bremsspur dann de Hosn streift
Und s Wamperl, dees werd langsam faltig
und der Urin werd zuckerhaltig.
Beim Biesln hab i gar koa Freid:
De Tröpflerei, de braucht sei Zeit.

Oiss lafft foisch und ganz verkehrt,
a netter Preiß hats so erklärt:
„Jaja, die heißgeliebte gute,
einstmals flotte Wünschelrute
hängt als müder, leerer Schlauch
unterm faltenreichen Bauch.
Bloß zum Pinkeln lediglich
taugt der Schnippeldillerich.“

Da Geburtstagler: *)
Was der oiss ko, duat und mag

A Sauna-Genießer

Freitagabend. Tag des Herrn:
D Sauna mag er gar so gern.
A bissl komisch iss zwar scho,
für an Ästhetn, für an Mo,
dem schnell was stinkt, der alles riacht,
dass der in so a Sauna kriacht.
Da hockans auf da Hennaloata
und draußn waar da Himme hoata.
Sie legn koa Oa, sie schwitzn bloß
und alle tröpflns, oiss is nass.
„Pfuideife", sagn de Kostverächter,
net bloß de strengen Sittenwächter.
„Gemischte Sauna", sprach der Herr,
„is gsund und regelt ... (dies und mehr)."

A Sprach-Genie

Ein Sprach-Genie, mia werd ganz damisch,
redt boarisch, griechisch und aa spanisch
und schwedisch, finnisch und Latein
(bloß s Hochdeitsch is net gar so fein)
und selbstverständlich italiano,
dees redt er und vasteht er aa no.

*) *siehe auch in dem Büacherl „Schlawiner und Schlawuzi"*
S. 30 bis S. 40 und S. 51
und in dem Büacherl „Geh weida, lach!" S. 42, S. 46 und S. 52

A Sänger

Mei, singa konn er, wia net gscheid,
da gfrein si d Manner, d Weiberleit,
er singt in Dur, er singt in Moll,
er bläschlt so ... lllllll ... is dees net toll?
Und werds amoi beim Singa wax,
nimm Oropax!

A Scharmör

Wenn oane kimmt, aa mit vui Laster,
- d Hauptsach is, sie hat an Zaster -,
dann kniast di hi und singst a Liad,
dees is guad fürs Herz, fürs Gmiad.
Und a Verserl waar net schlecht,
da tröpfln d Augn und so iss recht.
Dann haltst ihra a Rosn hin,
sagst zärtlich mit verstellter Stimm:
„Es rußt das Feuer im Kamin,
es rußt die Funzel her und hin,
es rußt die Kerze immerzu,
in meinem Herzen ruhst nur du."

A Verwöhnter

Er zelebriert das Morgenmahl
ois wiar a Kurien-Kardinal.
Sein Schatzilein umschwirrt ihn leise,
belegt das Brot, reicht ihm die Speise,
bedient ihn hint und vorn scharmant
ois wiar a Oberministrant.
Er schweigt und liest und grunzt nur dann,
wenn er das Ei nicht öffnen kann.
Und sie? Sie köpft das Frühstücks-Ei
nach seinem Wunsch exakt entzwei.

A Schnarcher

De Bäsn sagn, du waarst a Schnarcher,
laut wiar a Silvester-Kracher.
Du röchelst, zischlst, machst an Pfeifer,
dann lasst aa no dein Bläschl schleifa,
ziagst d Luft ei, dass de Katz daschreckt,
de Mäus und Ratzn san varreckt.
Jetzt gib doch endli moi a Ruah,
sunst zwick i dir dei Nasn zua.

A Urlaubsverweigerer

Wenn andre in die Ferne schweifn
und ab und zua auf d Arbat pfeifn,
verreisen in die weite Welt,
vom Zululand zum Großen Belt,
von Afrika zu den Apatschn
und z weitest weg an Berg nauf hatschn,
dann ... bleibst ... du ... da:
Nix Urlaub drunt in Afrika,
nix Urlaub in da Manschurei,
und aa net in da Süd-Türkei.
Du magst net furt. Huckst in dei m Stui.
Beim Fernsehng siehgst ja aa so vui.
Du magst bloß Buidl schaugn und gaffa
und nebnbei hoit a wenge schlaffa.

Hungrige
und
Durschtige

Heit geh i net auf d Waag

Heit is a scheena Tag,
heit geh i net auf d Waag,
heit drink i und heit ieß i,
mei Wamperl, dees vagieß i.
Schee is s Essn, guad is s Dringa,
am liabstn daat i Liadl singa.
Es riacht so guad und schmecka duats,
oiwei fastn waar nix Guads.

Vui ham beim Essn bloß oa Thema:
Dees und dees soit ma net nehma,
dees is z süass und dees is z fett,
aber i bin heit koa Depp.
Denn ... i ... bin ... froh,
dass i fast oiss essn ko.
Heit red i net vo Kilogramm,
na, heit mach i ham ham ham.
Mei Bäucherl schlaft, is guad ernährt,
grad vorher hab i s schnarcha ghört.
´s Abnehma waar so wunderschee,
mia Dickn kinnans net vasteh:
17 Kilo san scho weg,
19 san kemma ... ja varreck!

De Krankn und de Arma,
de müassn uns dabarma,
de Dauer-Faster, schlank, net rund,
dees san de allerärmsten Hund:

De kunntertn, wanns mächtertn,
aber na: Sie soin und woin und derfan net, oiso kinnans net.

(Auf hochdeutsch: Sie könnteten, wenn sie möchteten,
aber sie sollen, wollen, dürfen nicht, also: können sie nicht.)
Du verstehn? Ich nich.

Da Knödl-Sepp

Acht Knödl frisst er jeden Tag,
wann er net grad mehra mag,
und der Sepp, der konns vatragn,
sei Bauch is groß und aa sei Magn.

Bloß in der Fastnzeit werd bremst,
da werd er fromm, wiasdn kaam kennst,
denn acht Knödl san vui zvui,
wann ma in Himme kemma wui.

„Du, Everl, mach für mi bloß siebn,
woaßt, siebne san net ganz so schlimm,
doch“, sagt er „zweng der Mattigkeit
und dass uns d Arbat aa no gfreit,
waars gscheit – mia müassn ja net sparn –,
wann de siebne grösser waarn.“

Da Nepomuk, da oid Schlawuzi

Da Nepomuk, da oid Schlawuzi,
der schwankt zum Biertisch, kruziwuzi.
Er huckt si hi, schreit wiar a Stier:
„Du, Ober, bring drei Hoibe Bier!"

Da Ober schaugt und schluckt und fragt:
„Hast du drei Hoibe Bier grad gsagt?
Dees is a Schmarrn – du bist alloa,
i ko da doch bloß oans hi doa."

„Na, i mächt drei: Oans is für mi,
de andern zwoa stellst aa glei hi,
für meine Freind in Passau, Minga,
für de zwoa mächt i aa glei dringa."

Gesagt. Getan.
Dees is koa Schmarrn.

Nach drei Wocha kimmt er wieder
und huckt si drent am Biertisch nieder.
Der Ober sagt: „I brauch net fragn,
drei Hoibe Bier mächst wieder habn."

„Na, heit mächt i nimmer drei,
de scheene Zeit is jetzt vorbei.
Meine Freind san pumperlgsund,
bloß i bin jetzt a kranker Hund.

Da Dokta sagt: ‚Nix Alkohol,
dann wirst du gsund, dann fühlst dich wohl!'
Drum bstell i jetzt hoit bloß no zwoa
für meine Freind ... und saufs alloa."

2005

Zwoa Ochsn und da Huaber Bene

Am Viechmarkt hat da Huaber Bene
zwoa Ochsn kafft, so wunderscheene.
Stolz stellt er si vor s Viechmarkt-Schuidl,
sagt: „Handler, kimm, mach schnell a Buidl
vo de zwoa Ochsn und vo mia,
mia drei, mia gfrein uns dann wia nia.“

Auf d Nacht, am Stammtisch schmeckt eahm s Bier,
oa Mass is z wenig, er sauft vier.
Dann steht er auf und lallt dann so:
„Heit hab i ganz was Bsunders do.
Zwoa Ochsn hab i gkaaft, schaugts hi,
dees in da Mittn, dees bin i.“

Da bsuffer Lois sortiert de Manner

De Sauferei is aus für heit,
da Bus steht da und wart auf d Leit.
Ois Letzter kimmt da Lois ogwankt.
Er lallt. Er torkelt und er schwankt.

Vorn im Bus drin bleibt er steh,
sei bsuffas Gschau, dees is net schee.
Er deit nach links. Er deit nach rechts.
Er sagt was Frechs. Er sagt was Schlechts:

„Ös da herent – i hab koan Zweife –
seids Deppn, Dotschn, dumme Deife
... und da herent san d Ehebrecher."
Er rülpst und schaugt dann no vui frecher.

Ein Herr, der fuchtelt und der schreit:
„Dees bläde Gschmaaz, dees geht ma zweit.
Nia in mei m ganzn, langa Lebn
bin i a Ehebrecher gwen."

(... da lallt der Lois:)

„Du huckst vakehrt – geh weida, kimm!
... de Deppn sitzn da herübn."

De Sauferei, de macht di hi

Da Peter schwankt in d Kircha eine,
fünf Hoibe Bier, so frische, feine,
er wacklt, rülpst und lallt ganz laut,
jetzt hättsn fast an Bodn hi ghaut.

„Äha“, schreit er, „Halleluja!“
an Platz im Beichtstui suacht er, wui a.
Er fuchtlt rum. Er macht sei Kreiz.
Da Pfarrer gspannts: Beim Peter feits.

(... und sagt:)

„So konns net weida geh, sag i,
de Sauferei, de macht di hi.
Sei oamoi gscheid! Machs wia dei Kuah,
de sauft, wanns Durscht hat, dann hats gnua.“

(Da Peter lallt:)

„Dees stimmt, mei Kuah sauft gegan Durscht
... wia lang de sauft, dees is ma wurscht,
denn für mei Kuah is dees net schwaar,
beim Wassersaufa kunnt i s aa.“

Hat da Knecht Recht?

Da Moser Bauer und sei Knecht,
de san am Dach drobn, schuftn recht:
Hammern deans und Schindl legn,
dem Knecht, dem werd sei Joppn z eng.

Er hängts an d Dachrinn, ziedert hoit
und da schaug hi: Sei Joppn foit,
sie platscht in d Odlgruam da drunt.
Da jault er auf ois wiar a Hund.
Steigt abi, packt a lange Stanga
und mächt sei Joppn aussafanga.
Braun iss worn und ganz schee woach,
sie stinkt, is voller Viecher-Soach.

Da Bauer schreit: „Hör auf zum Spinna,
oziagn konnst de Joppn nimmer!“
„Hast Recht, i daats ja gar net woin
... i mächt bloß d Brotzeit aussa hoin.“

Mund-Artige
und
Andersartige

Junge Männer – oide Manner

„Mei Spatzerl, mei Muckerl,
mei Käferl, mei Pupperl,
mei Hasi, mei Mausi,
für di arbat und saus i,
für di sorg, für di leb i,
denn du bist mei Baby,
und du bist mei Gschpusi,
und bloß mit dir schmus i.“

Da drent grinst a Ramme,
redt der saugscherde Hamme
vo Küah und vo Kaibe
und moant oide Weibe,
redt vo Antn und Gäns,
bloß was Greislichs, nix Scheens,
redt vo Goassn und Henna.
Sie kunntn darenna,
den Dreckbär, den Lackl,
dees gwamperte Fackl,
den Ochsn, den koidn,
den Saubärn, den oidn ...

Ja, d Viecher wern grösser,
de Fraun wissns besser
und d Viecher wern schlimmer
und schwaarer und dümmer.

Und d Liab, de werd kloana.
Manchmoi waar dees zum Woana,
aber sagn duat dees koana,
dees derfst bloß staad moana.

Bürokratler-Deutsch

Reisekosten-Gesetz:

Stirbt ein Bediensteter während einer Dienstreise, so ist damit die Dienstreise beendet.

Bundesfinanzhof:

Es ist nicht möglich, den Tod eines Bediensteten als dauernde Berufsunfähigkeit zu bewerten.

Arbeitsamt online:

Welches Kind das 1., das 2., das 3. oder weiteres Kind ist, richtet sich nach der Reihenfolge der Geburt: Das älteste Kind ist stets das 1.

Ausschuss-Empfehlung zum Bußgeld-Katalog:

In Nr. 2 ist in Spalte 2 das Wort „Parkplatz“ durch die Wörter „Platz zum Parken“ zu ersetzen.

Wirtschaftsministerium:

„Ausfuhrbestimmungen“ sind Erklärungen zu den Erklärungen, mit denen man eine Erklärung erklärt.

Versorgungs-Gesetz:

Die einmalige Zahlung wird für jeden Berechtigten nur einmal gewährt.

Mei, früahra hab i lesn kinna

Mei, früahra hab i lesn kinna,
mi m Lesn werds jetzt oiwei schlimmer:
Was so in da Werbung steht,
dees les i und vasteh i net.

Jeder Depp vasteht wias geht.
Bloß i bin z bläd.

Iss chinesisch? Iss japanisch?
Oder bin i wirkli damisch?
USB und MMC,
TFT und DVD,
LAN und DSL,
TOUCH und XXL,
Antishake und Modem.
Wo soi i drucka? Wo denn?
Mega-Pixel, Fuzzy-Logic.
Bin i dotschert? Bin i dotschig?
Zoom und Digital,
dees is jetzt ganz normal.
Panel und Spot und Fokus ...
i geh jetzt auf den Lokus.

De Technik-Sprach werd oiwei schlimmer,
dees Pffft, dees Bwwwt vastäh i nimmer.
Wann i oiss laut lesn daat,
da waar ganz schnell mei Zung vadraht:
I müasst rülpsen, lallen, stottern,
mit Zahlen umananderdoktern.
Erklärungs-Krampf.
Buachstabn-Dampf.
Ohren-Graus
... aus.

I frag: Bin i da oanzig Depp,
der net vasteht, was so in da Werbung steht?

I mächert so gern a Waschmaschin sei

I mächert so gern a Waschmaschin sei,
mei Einknopf-Bedienung, de schaltert i ei,
waar vollautomatisch und sparsam und schee,
daat unterbaufähig im Schlafzimmer steh.

Mein Durchlauferhitzer, den lassert i kocha,
net bloß in de Flitter- und scheen Flatterwocha,
i wissert ganz gwieß, was mia zwoa so ham,
z. B. dees flotte Ruckzuck-Blitzprogramm.

Mia hättn a scheene Unwucht-Kontrolle,
a Schaum-Erkennung, a wunderbar tolle,
mei Knitterschutz, der bremsert de Foitn,
mei Dessous-Programm waar kaam zum Dahoitn.

Nia hätt uns de Angst am Kragn, am Schlawittl,
nix ko dir passiern durchs Kindersicherungs-Mittl.
Durchs Bull-Auge kunt i dei Fuzzy oschaung
und vollelektronisch vadrahrerts ma d Augn.

Beim Wasserlassn waars mi m Tröpfln vorbei,
denn i schaltert ganz gwieß mein Aqua-Stopp ei.
Und gangs irgend wann mit mir moi zu Neige,
dann sehgts dees sofort an der Restzeit-Anzeige.

Drum foit ma heit nix Gscheideres ei:
I mächert so gern a Waschmaschin sei.

Is dees a Freid in Tirol?

Da sagt da oa:

„Aus iss mi m Winter. Aus iss mi m Snou!
Nix mehr snou, snou, snou.
Nix mehr snouborden oder skaiten.
Na, jetzt gehts los mi m Beiking, Autdoorwalking,
Mauntin Klaimbing und mi m Tschoggen!
Her mit meine Stretsch-Tschiens,
mei m Quick-drei-Hemad, meine Distanz-Ranner
und meine Skait-Sockn.“

Da sag i:

„Du, i treib mi scho dreißg Jahr in Tirol umanand und siehg bloß Bayern und Preißn und a paar Östreicher.
Und 176 Holländer hab i letzts Jahr gsehng.
Koan oanzign Engländer, koan oanzign Amerikaner.
Warum redn ma dann so vui englisch?
Ha? Sag! Derf i deitsch redn? Oder gar boarisch?

Derf i sagn:

‚Du, da Schnä is weg.
Wia waars, gehnga ma heit auf d Alm?
Mächst ebba laffa?
Oder bist so bläd und fahrst mi m Radl auffe?

I mag koan Mauntin Tschies. I mächt an Berg-Kaas.
I mag koa Fastfuud. A Jausn mächt i oder a Brotzeit.
I mag koa Rockpopp-Lusing. De Bergruah suach i.
I mag koa Händi-Quassling. I mächt mit dir redn
... oder bloß staad sei.‘

Und: Schee waars und guad waars und guad daats.“

Dees is a Freid in Tirol

Auf gehts, pack mas!

...woaßt durchn Woid so schräg umigeh, hint viere,
weit aussi, ent doni, drent eine, dann zuri,
vorn uma, gaach auffi?

Am Gipfekreiz ausschnaufa, eischnaufa, durchschnaufa...
... und umischaugn, abischaugn und drent auffischaugn:

Berg und Woikn sehng. Baam und Bleame. Höf und Hüttn.
Küah und Kaibe. Und Wiesn und Wiesn und Wiesn.
Schaugn und schaugn und hörn und hörn und riacha
und riacha und ... staad sei. Und Brotzeit macha.

Und dann langsam wieder oba, umi, eini, durche,
ausse, hintre, viere, und langsam obi ins Toi.

Du verstehn? Dees is a Freid in Tirol!

Oadeitiges und Zwoadeitiges
(aus Schüleraufsätzen)

Neben den Prunksälen hatten die Ritter auch heizbare Frauenzimmer.

Dort, wo die Trümmer ragen, standen einst die stolzen Burgfräulein und warteten auf die ausgezogenen Helden.

Wir gingen in den Zoo. Es war ein großer Affe im Käfig. Mein Onkel war auch dabei.

Der leichtsinnige Kutscher hatte mit seinem Wagen den ganzen Zaun umgefahren. Das Schwein konnte erst später eingefangen werden.

Der Landwirtschaftsminister ließ die Bauern zusammen kommen, denn die Schweine fraßen zu viel.

Die Alm liegt hoch im Gebirge. Dort ist die Sennerin und der Senner. Im Frühjahr wird aufgetrieben, im Herbst abgetrieben.

Die Macht des Wassers ist so gewaltig, dass selbst der stärkste Mann es nicht halten kann.

Mit starkem, großem Strahl geben die Feuerwehrleute ihr Wasser ab.

Wir gingen mit der Lehrerin im Park spazieren. Gegenüber vom Park war ein Haus, wo die Mütter Kinder kriegen. Eine Gebärmutter schaute aus dem Fenster heraus und winkte uns freundlich zu.

Meine Tante schenkte mir eine Sparbüchse. Sie war ein Schwein. Sie hatte zwei Schlitze. Hinten einen fürs Papier und vorne einen fürs Harte.

Jäger-Latein
(auf boarisch)

Glückliche Jager

An Hasn in da Hand.
De Büchsn am Buckl.
... und da Hund steht bei Fuß.

Unglückliche Jager

An Hasn im Bett.
D Hand auf da Büchsn.
... und der Hund steht net.

D Unterhaltung is schee

Da oa sagt dees oa,
da ander dees ander,
redt koana alloa,
a wuids Durchananderr.

Und sie redt recht gscheid,
hör liaber net hi,
ziagt her über d Leit
und morgn schimpfts auf di.

Ja, d Leit wern ausgricht,
de damischn Lotschn,
da vaziagn ma bläd s Gsicht,
mia Deppn und Dotschn.

Dees Gschmaaz und dees Schwafeln,
dees Lacha und Plärrn,
dees Ratschn und Bafeln,
dees muasst oafach hörn.

Du kimmst kaam dazua,
dass du selber was sagst,
und hörn muasst grad gnua,
aa wannst gar nix fragst.

Bloß zwoa hoitn s Mei
und lassn di redn,
ebbs fragns di dann glei...
... aa so was konns gebn.

Und jetzat red i,
nix Gscheids na, na, na,
so plätscherts dahi,
s Unterhaltungs-Blabla.

Neimodische
und
Oidmodische

Dees Händi is a Hundeleine

Dees Händi is a ganz gemeine,
ewig lange Hundeleine.
Und du hängst dro, mei guada Mo.
Du kimmst net weg. Es is hoit so.

´s Ganz-Alloa-Sei is vorbei,
dees Händi hast oiwei dabei.
Ein Anruf hin. Ein Anruf her.
Jetzt sag amoi, was wui ma mehr?

Konnst ratschn und konnst lacha
und nebnbei Buidl macha.
Konnst Texterl lesn, Texterl schreibn,
mit Musi dir de Zeit vertreibn.

Ein SMS und Händi-Gschmaaz,
dees is nix Bläds, dees is nix Fads.
Mit Leit, de da san, brauchst net redn,
jetzt frag i: „Konns was Scheeners gebn?“

Das Händi, das Verhütungsmittl,
dees hat di richtig am Schlawittl:
Am Händi hängst rund um die Uhr,
aa draußn in da Pracht-Natur:

Drobn am Berg und drunt am See,
drin im Woid und draußt im Schnee.
Beim Geh da läuts, du brauchst net fluacha,
net amoi beim Schwammerlsuacha.
Beim Berggeh, Radln, Laffa, Schwimma
und sogar im Auto drinna
hörst du dei Händi Tag und Nacht
und manchmoi bist vom Schlaf aufgwacht.
Es läut beim Essn, Dringa, Schlaffa
und sogar beim Fernseh-Gaffa.

Oghängt bist, du armer Hund,
ohne Händi waarst net gsund.
Oghängt bist mit Ohrn, Augn, Hirn.
Gwieß konnst di boid damit rasiern.

Am Telefon – so is dees gwen –
hams früahra gfragt: „Wia gehts da denn?"

Und heitzutag
gibts zerscht oa Frag:
„Wo bistn grad?"

Feine Leit siehgt ma heit

Scho um zehne
siehgt ma heit,
künstlich scheene,
recht bequeme,
feine Leit.

Mi m Schafför,
nia zu Fuß,
zum Coafför
und noch „möhr“
ist ein Muss.

Dees Zeig, dees neier
- nobel, nobel -
is saudeier,
bsunders heier,
Euro-Hobel.

Und de kloinen
Abendfeste
mit den foinen
Edelstoinen
san dees Beste
für die Damen
- extra gmacht -,
die da kamen.
Amen! Amen!
Guade Nacht!

Prinzessin Birgit

Liebe Birgit,
kleine Prinzessin
Alles Gute zu deinem
4. Geburtstag
Mama, Papa,
Oma, Opa, Tanten und Onkel

Ja, so ham ma meine Leit in da Zeitung gratuliert.
Warum aa net?
Neilich hat ebba sogar dem Dackl Bingo in da Zeitung
zum Geburtstag gratuliert.
Und de Todesanzeige von der Katze Muschi is aa in da Zeitung gwen.
... und da denk i nach:
I werd älter und älter und de Buidl müassn grösser und grösser
und scheener und scheener wern:
Halbseitig? Ganzseitig? Titelseitig?
Reklame-Falt-Buidl? Plakat-Buidl? Ortseingangs-Standbuidl?
Und dann? A Flugzeig mit am oghängtn Flatter-Buidl?

Ja mei: Mama, Papa, Oma, Opa, Tanten, Onkel,
hätts net so früah o gfangt mitm Verwöhna!
I muaß ja unglücklich wern,
wenn de Buidl bis zu mei m 98. Geburtstag
net allerweil grösser und scheener wern.
Was habts gsagt?
Ees werds dann nimmer lebn.
Schad um mi!

Jetzt kimmt a Fax

Jetzt kimmt a Fax,
packs bei da Hax!

Packs beim Kragn,
aussazogn.

D Fax-Maschin
macht klimbim,

gachezt, rotzt,
räuspert, kotzt,

speibt Papier,
zwoa, drei, vier.

Briaf-Galopp,
hopp hopp hopp.

Jeder mag
Schreib-Salad,

schimpft auf z vui
Technik-Spui,

doch modern
ham ma gern.

Drum oa Frag
jeden Tag:

Sappradix,
kimmt heit nix?

Ohne Fax
werd i wax

Nix kimmt raus.
Aus.

Staadlustige

und

Nachdenkliche

Zukunfts-Kultur

Na, Sachan gibts!
Da gehnga ma im September in a Gschäft, ... schee wars und hoaß wars ...und was steht da auf dem grossn Gabentisch?
Richtig: Weihnachtskerzerl. Schoko-Herzerl.
Christbaum-Glöckchen. Plastik-Flöckchen.
I frag mi: Was soi dees am 17. September?
Erscht am 17. September?
Dees gang doch oiss no vui früahra ... oder net?

Irgend ebbs werd eahna scho no eifoin,
de Herren Ganz-Jahres-Weihnachtsverkaufs-Strategen.

Ja,... im August:
a Fernseh-Direkt-Übertragung drobn von ra Alm:

Küah und Kaibi. Kuah-Glockn hörst
und de Kastlruther Katzn oder de
Silbertaler Schürznträger spuin und singan:
„Kling, Glöckchen klingelingeling, kling, Glöckchen kling!“
und da Hansi Winterseher isst an Christstollen und sie,
de Frau Carolin Reiberdatsche,
isst koan Zwetschgendatsche, sondern Weihnachtsplätzchen.
In de Haar hats Weihnachtszweigerl und in da Blusn,
vorn am Busn, hängt s Lametta... a zwoa, drei Meter.

... und am 21. Juni?
A Sunnwendfeier.

De Alphornbläser hörst: „Es werd scho glei dumpa, es werd scho glei Nacht.“ Und a kloans Flugzeig flattert wiar a Schmetterling drüber, mit am langa Papierschwoaf hintn dro. Da steht drauf: „Vom Himmel hoch, da komm ich her ... es wein-nachtet sehr.“
Ja, ja: Wein in der Nacht = Weinnacht.

... und im Mai?

Beim Brotzeitmacha aufm Balkon sehng ma, dass da drent am Woidrand und drunt im Gartn grea werd. Und was hörn ma ausm Radio?

„O Tannenbaum, o Tannenbaum, wie grün sind deine Blätter.“
Übrigens: Unser Tannabaam hat gar koane Blätter. Nadeln hat er: Tannennadeln, spitz wie Gabeln, glatte Blätter waarn vui netter.

Gangs no früahra?

Genau: I habs: Früahra hat de Vorweihnachtszeit erscht am 1. Adventssonntag ogfangt. So bläd warn de damois. Boid werds spätestens am 6. Januar ogeh. Ja!

Wissts wia?

Oana von de Heiligen Drei Könige kriagt a Nikolaus-Gwand und werd damit zum Ganzjahres-Weihnachtsmann. Dees is dann dees Vorweihnachtstätärätätä.

Am Faschingsdienstag muaß er „Lustig, lustig, tralalala“ dirigiern und am Aschermittwoch bringt er Bratharing. „Guadn Appetit und Prost auf unsere Zukunfts-Kultur!“ schreit er. „Pfui Deife!“ sag i.

Jaja: Unser Abendland werd zum Guadnacht-Land.

Beförderung: Nikolaus wird Weihnachtsmann

Mei, früahra war da Nikolo
bloß oan Tag im Winter da.
Mi m Knecht Rupprecht is a kemma,
für uns Buam wars net dees scheena.
Da Krampus, der is umagsprunga
und nebnbei hat er d Ruatn gschwunga.

Heit traaf den Nikolaus da Schlag,
wann er si sehng daat jedn Tag:
Im September, da fängts an
mit dem feinen Weihnachtsmann.
Bis zum Fasching hängt er rum,
dees waar eahm z bläd, dees waar eahm z dumm.

Der Nikolaus, als Weihnachtsmann,
hängt hint und vorn, hängt übroi dran:
Am Balkon und vor de Fenster,
siehgst so vui Weihnachtsmann-Gespenster.
Und an der Dachrinn vor der Wand,
da hängans aa no umranand.
Den Weihnachtsmann siehgst draußt und drinna,
d Vermarkterei werd oiwei schlimmer:
Er grüßt von Tassen und Servietten
und von den weichen Unterbetten.
Der Weihnachtsmann, der will dich schützen
sogar mit kleinen Zipfelmützen.
Vom Clo-Papier, da winkt er froh,
das freut den Bauch, das freut den Po:
Stille Nacht am stillen Örtchen,
Weihnachtsmännlein am Abörtchen
... und unterm schönen Festtagsröckchen,
da klingelt das String-Tanga-Glöckchen.

früahra .....
..... und heit!
2005

Christbaam stehln

„Du“, sagt da Karpfabauer Sepp, da Großbauer, „oans mächt i eich sagn, ees brauchts heier koan Christbaam kaffa oder gar stehln. Ees kriagts an Christbaam vo mia.“

„Sepp, dees is aber nett vo dir. Du hast ja so scheene Christbaam. Mia ham neilich beim Spazierngeh im Woid dein Christbaam-Zuchtgartn – oder wia dees hoasst – gsehng. Schee, wirklich schee.“

„Na“, sagt da Sepp, „de Baam, de vakaaf i ... und den eiern, den hol i wo anderscht. I woaß scho, wo i den stehl.”

*

Finster werds. Es schneibt und schneibt.
A junger Mo steht am Woidrand zwischen vui kloane Fichtn und Tannen und schneidt grad an Christbaam aussa.

„Halt!“ schrein zwoa Polizistn. „Christbaam wern net gstohln, de wern kafft.“

Da lacht da jung Mo: „Richtig: Nix stehln. Dees is ja mei Woid und dees san meine Baam. Vergelts Gott, dass ees zwoa da a so aufpassts.
Als kleines Dankeschön schenk i jeden vo eich zwoa aa a Christbaamerl. Suachts eich oans aussa, schneidts es ab und steckts de kloane Säg da vorn in dees Körberl, wenns fertig seids. I muaß hoam in Stoi. Pfüat Enk!“

... und scho saglns, de zwoa Polizistn.

Da kimmt a oida Mo daher. Er siehgt de zwoa Sagler und schreit: „Ja, was treibts denn ees? Ha? Ja, gibts denn dees: Polizistn dean Christbaam stehln ... und dees in meim Woid. Ja, dees is mei Woid. Ees derfts oiss überprüafa. ... und eich zwoa zoag i o ... bei der Polizei.“

Es weihnachtet sehr

Es weihnachtet sehr:
Vo überoi kemman Prospekte daher,
de Zeitung werd voller,
de Buidl wern toller.
Du blattlst, du blattlst, du schaugst oisse o
und fangst recht langsam mi m Lesn dann o:

Flying Flame und Dumper Truck,
Rally Truck macht aa zuckzuck.
Und der geil Mutator-Flitzer
is a Racer Red Beast Blitzer.
Der Hyper Striker mit 4 Booster
mit de Hot Wheels, ja, was kost er?

Jetzt werds ma z dumm, jetzt werds ma z bläd,
i ko kaam lesn, was da stäht.

Früahra hamma oiss ogafft
und ham dann bloß a Auterl kafft
und heitzutag, ja kruzinäsn,
gibts bloß de blädn Englisch-Schäsn.

Preishits
für de Kids,
megastark,
net in Mark,
na, in Euro,
sakrisch teuro.

(www. bläde-deitsche.de)

In d Mettn geh

In d Mettn geh,
dortn knian und sitzn, steh.

Musi hörn und singa,
da fangt was oo zum Schwinga.

Staad sei. Zuahörn. Kerzn sehng.
In dir drin iss jetzt nimmer eng.

Du schaugst in di,
schaugst zruck, schaugst hi:
Was war? Was kimmt?
A Hoffnungs-Kerzn glimmt.

Dei Hauch steigt auffi, hoch empor,
und drobn, da singt da Kirchenchor.

´s „Halleluja“ is a Schroa,
und plötzlich bist jetzt net alloa.

A tiafers Gfui is jetzt aufgwacht,
und da iss da: De heilig Nacht.